Bumblebee

Textbook 4 Bayern

Herausgegeben von
Gisela Ehlers

Erarbeitet von
Gisela Ehlers und Christina Meindl

Auf der Grundlage von
Bumblebee Textbook 4 (2013) von
Gisela Ehlers, Grit Kahstein,
Matthias Muth und Hannelore Tait

Muttersprachliche Beratung
Elspeth Corrie

Illustriert von
Juliane Assies, Jutta Garbert,
Heike Heimrich, Elisabeth Holzhausen,
Oda Ruthe, Friederike Schumann
und Ulrike Vetter

Schroedel
westermann

Contents

Im Lernmittel wird auf eine CD verwiesen; diese enthält ausschließlich optionale Unterrichtsmaterialien. Die CD unterliegt nicht dem staatlichen Zulassungsverfahren.

Welcome back

Text/Musik: traditionell

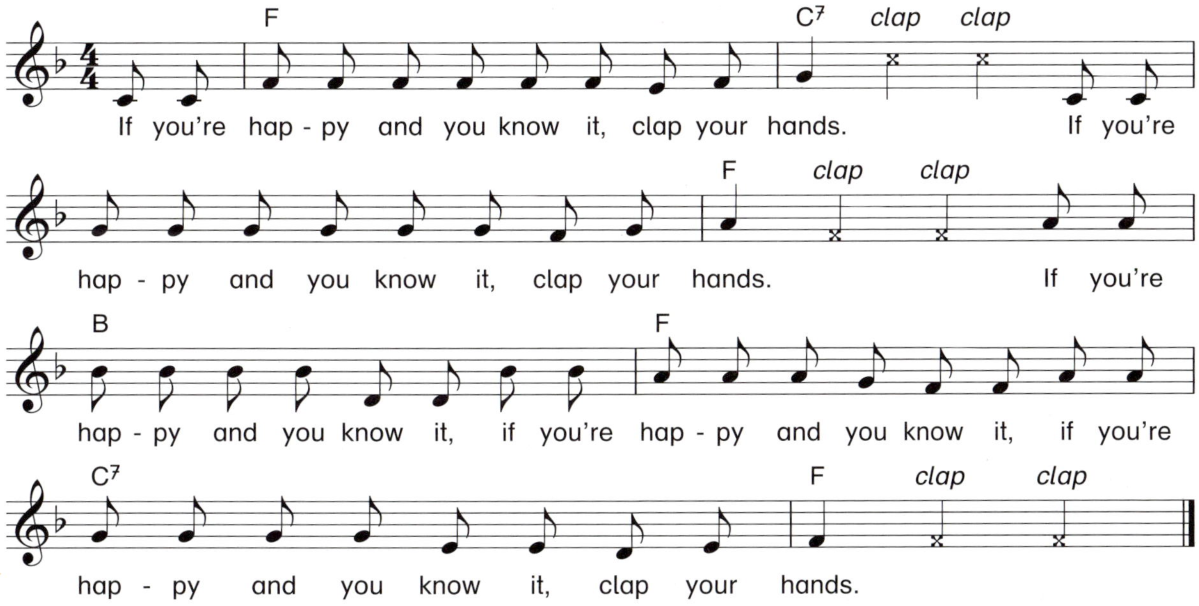

If you're ...

angry

scared

sad

happy

tired

... and you know it ...

touch your head.

clap your hands.

turn around.

jump up high.

1 Listen and point.

2 Sing the song and act it out.

3 Make up your own lines. Write them down.

4 How are you? Make a speech chain.

Einen Song singen und sich dazu bewegen.
Gefühle benennen und sich nach den Gefühlen anderer erkundigen.

· Song CD 1/2
· How to write S. 55

English around the world

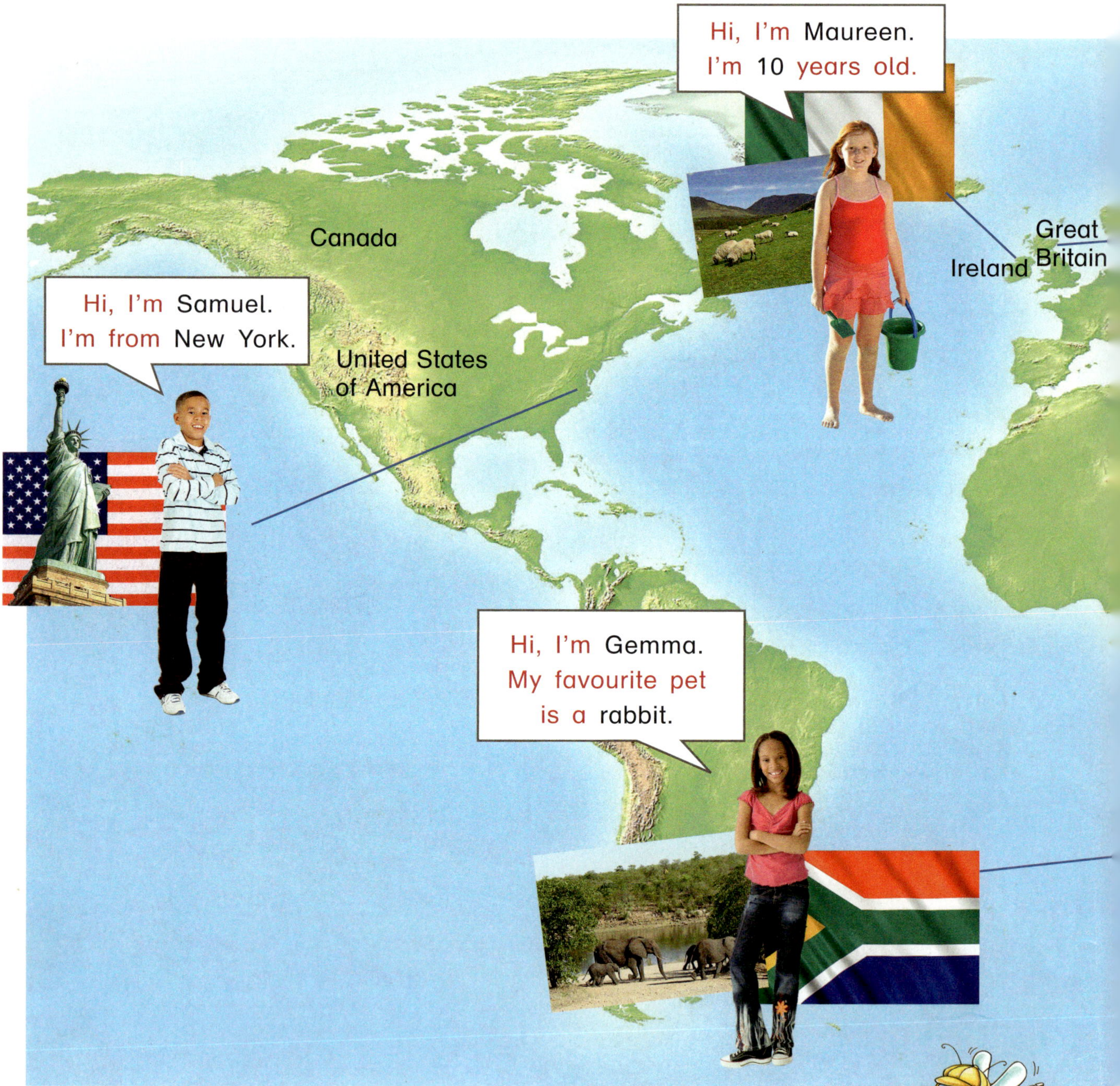

1 Listen and point.

2 Talk about the children.

hobbies – Hobbys

Sich auf einer Weltkarte orientieren.
Bereits bekannte Strukturen wiederholen.

- CD 3
- national anthems CD 4/5

▸ Ich kann einige englischsprachige Länder auf einer Landkarte finden.

3 Read the answers. What about you?

4 Do you know more English speaking countries?

Can you ask questions to the answers?
Can you answer these questions?

Do you know other countries/flags/sights?
Do you know other national anthems?

Back at school

1 Listen and point.

2 What can you name in the picture?

3 Practise the dialogues.

4 Roll 2 dice and name the word.

Classroom phrases und Arbeitsaufträge wiederholen.
Den Song *Hello, my name is Bumblebee* wiederholen.
Wdh: colours; numbers; school things

- CD 10/11
- Song CD 12/13
- How to communicate S. 56

▸ Ich kann Aufgaben und Arbeitsaufträge verstehen.

What school things can you name?
Can you say the numbers?

Can you name the colours?
Who can you see?

▸ Ich kann Schulfächer auf Englisch benennen.

School subjects

	8:45-9:15	9:15-10:15	10:15-10:30	10:30-11:30	11:30-12:30	12:30-1:30	1:30-2:30	2:30-3:30
Monday	assembly	Maths	break	English	RE	school dinner	Science	Crafts
Tuesday		Maths		English	German		Science	PE
Wednesday		Maths		English	Music		Project	
Thursday		Maths		English	Art		ICT	PE
Friday		Maths		English	ICT		German	Golden Time

What have you got on Monday?

1 Listen and point.

2 Talk to a partner.

3 Write your timetable in English.

Schulfächer schreibt man im Englischen groß.

Einen englischen Stundenplan und Schulfächer kennenlernen.
Den *Weekday song* singen.
Wdh: weekdays

• CD 14
• Song CD 15/16

▸ Ich kann einen Schulrap sprechen.

Raptime

It's English now,
speak, speak, speak!

Now it's Art,
draw, draw, draw!

Then it's Maths,
count, count, count!

Music next,
sing, sing, sing!

It's German now,
read, read, read!

Golden Time,
fun, fun, fun!

1 Listen and read along.

2 Do the rap.

Liebe Kinder,

die Schule hat wieder angefangen und wir haben unseren neuen Stundenplan bekommen. Da gibt es zum Beispiel das Fach "ICT". Das steht für "Information and Communication Technology". Hier lernen wir, am Computer zu arbeiten. Das macht Spaß. Das Fach "Science" ist auch sehr interessant. Wir lernen eine Menge über Pflanzen und Tiere, machen Experimente und erfahren viel über die Geschichte Großbritanniens. Wenn wir "Golden Time" haben, können wir uns aussuchen, was wir am liebsten machen möchten. Ich hole mir dann gern Bücher aus unserer Bücherei ("library"). In "PE", "Physical Education", spielen wir oft Mannschaftsspiele. In der Pause sind wir auf dem "school playground", dem Schulhof. Wir spielen gern Himmel und Hölle ("Hopscotch") oder Fangspiele wie "What's the time, Mr Wolf?"

Love, Lisa

school playground

3 Sprecht über Lisas Brief.

4 Erinnert ihr noch mehr zu englischen Schulen?

▸ Ich kann sagen, welches Schulfach ich mag und welches nicht.

Let's talk: what I like about school

I like ...
I don't like ...

What subjects do you like?

I like Music because I like to sing.

What subjects don't you like?

I don't like Art because I don't like to draw.

I like ...	Music	because I like to ...	speak.
	Maths		draw.
	German		read.
	English		sing.
I don't like ...	PE	because I don't like to ...	learn about nature.
	Art		count.
	Crafts		build things.
	Science		move around.

1 Listen and read along.

2 Practise the dialogue.

3 Make a list: I like ... I don't like ...

Mark the tricky parts: Science

Sich über Vorlieben und Abneigungen austauschen und diese aufschreiben.
Wdh: I like .../I don't like ...

• CD 20
• How to write S. 55

▸ Ich kann eine Spielerklärung verstehen.

What's the time, Mr Wolf?

1 Listen and point.

2 Talk about the game in German.

3 Play the game.

4 Talk about other games.

My day

I get up at 7 o'clock.
Then I brush my teeth.

1 Listen and point.

2 Talk about Emma's day.

3 Name 2 of your daily routines.

4 Make a poster and present it.

Den Tagesablauf beschreiben können.
Den Rap *What's the time* sprechen.
Wdh: time; numbers

- CD 23/24
- Rap CD 25/26
- How to do a presentation S. 57

▸ Ich kann über meinen Tagesablauf auf Englisch berichten.

Who is giving a presentation?
Who is standing next to the blackboard?

Do you know other daily routines?
What can you see on the poster?

▸ Ich kann die Präpositionen benennen.

Tidy up your room

in · on · under · behind · in front of · next to

1 Listen and point.

2 Describe the 2 pictures.

3 Write about the pictures.

4 Look up words in a dictionary.

Präpositionen anhand eines Hörtexts üben und durch Sprechanlässe festigen.
Wdh: clothes; toys; school things; colours

• CD 28

▸ Ich kann die Präpositionen anwenden.

Let’s talk: tidy up your room

Vergleiche das i in “behind” mit dem i in “in”.

1 Give the command.

2 Spin the bottle. Name the preposition.

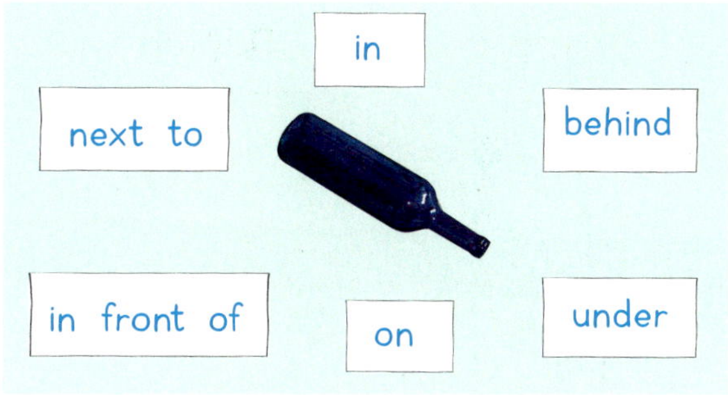

3 Make up a sentence. Use the preposition.

4 Act out the command.

Put the ...	pencil rubber scissors ruler pen glue stick	in on under behind in front of next to	the table, the chair, the book, the pencil case, the schoolbag, the exercise book,	please.

1 Read the instructions.

2 Practise the dialogue.

3 Play the game.

Write action cards.
Play in a group.

Die Präpositionen durch ein Spiel festigen.
Diff: Die Satzbautafel abdecken und zum Spielen stattdessen *action cards* anlegen lassen.

Homes in Great Britain

socket.jpg

plug.jpg

fireplace.jpg

Liebe Kinder in Deutschland,
ich war neulich bei Ben zu Besuch. Weil der Akku von meinem Handy leer war, wollte ich es aufladen. Dabei habe ich mal wieder gemerkt, dass mein Stecker gar nicht passt. Ich glaube das hab ich euch noch gar nicht erzählt. Seitdem wir nach England gezogen sind, funktionieren unsere elektronischen Geräte wie der "TV" nicht mehr richtig. Das liegt daran, dass Steckdosen, "sockets", und Stecker, "plugs", in England anders aussehen als in Deutschland. Deshalb brauchen wir für alle Geräte Adapter. Ganz schön umständlich! Eine weitere Besonderheit in England ist, dass fast jedes Haus mehrere Schornsteine, "chimneys", auf dem Dach hat. Denn in jedem Wohnzimmer gibt es einen Kamin mit einem elektrischen Feuer, den "fireplace". Außerdem gibt's in englischen Häusern keine "cellars", also Keller. Das finde ich super, ich hab nämlich tierisch Angst vor Spinnen!
Viele Grüße von Lisa

chimneys.jpg

1 Lest Lisas E-Mail.

2 Vergleicht englische Häuser mit Häusern und Wohnungen, die ihr kennt.

Etwas über Häuser in Großbritannien erfahren und sich über eigene Erfahrungen austauschen.

Children around the world

A: Many children in the USA do sports at school.

B: Some children in Afghanistan have to help their parents.

C: Some children in Africa have a very long walk to school.

D: Some children in Australia talk to their teachers on the computer.

1 Listen and point.

2 Read and match the photos.

3 Compare with your activities.

Find out more about schools in other countries.

Shopping

1 Listen and point.

2 Read the dialogues and the menu.

3 Make up your own dialogue.

tip

fish – Fisch

Das Thema Einkaufen vertiefen.
Den *Shopping song* singen.
Wdh: fruit and vegetables; numbers; money

- CD 30/31
- Song CD 32/33
- Placemat WB S. 34

▸ Ich kann ein Einkaufsgespräch führen.

4 What is your favourite shop?

5 Make a shopping placemat. Use a dictionary.

What can you name in the picture?
How many people can you see?
What would you like to buy?
What would you like to eat?
What would you like to drink?

Let's talk: buying an ice cream

1 Listen and point.

2 Listen and read along.

3 Practise the dialogue.

4 Write about your favourite ice cream.

Einen kurzen Bestelldialog sprechen.
Wdh: I'd like ...; My favourite ... is ...

• CD 34
• How to write S. 55

Corner shops and charity shops

Liebe Kinder,

ich komme gerade vom Einkaufen, musste für meine Mama schnell noch die neue Fernsehzeitung aus dem "corner shop", so etwas wie einem Tante-Emma-Laden, holen. Ich war froh, dass ich nicht so weit laufen musste, da das Wetter gerade ziemlich schlecht ist.
Ich habe mir dann gleich noch Lesestoff gekauft – eine ganze Tüte voll! Da staunt ihr, wie ich das mit meinem Taschengeld schaffe ...
Ich war in zwei "charity shops" gleich um die Ecke. Dort werden Bücher, aber auch Kleidung und Spielsachen für ganz wenig Geld verkauft.
Diese Sachen haben Leute dem Laden geschenkt, weil sie sie nicht einfach wegwerfen wollen. Der Gewinn geht an eine gute Sache, zum Beispiel an Organisationen, die gegen Krebs kämpfen oder die sich für Kinderprojekte einsetzen. So habe ich schöne Bücher billig bekommen und noch etwas Gutes getan!

Bis bald,
Lisa

1 Sprecht über Lisas Brief.

2 Kennt ihr ähnliche Läden?

The headphones

Einen Hörtext zu einem Comic hören.
Diff: CD Track 36 einsetzen; L liest den Text selbst.

- CD 35/36
- How to read S. 54
- Think about it S. 58

▸ Ich kann einen Comic verstehen.

1 Listen to the story. What is it about?

2 Listen again and point.

3 Act it out.

4 Read Kim's list. Write your own list: I can ...

Write speech bubbles to the pictures.

A trip to London

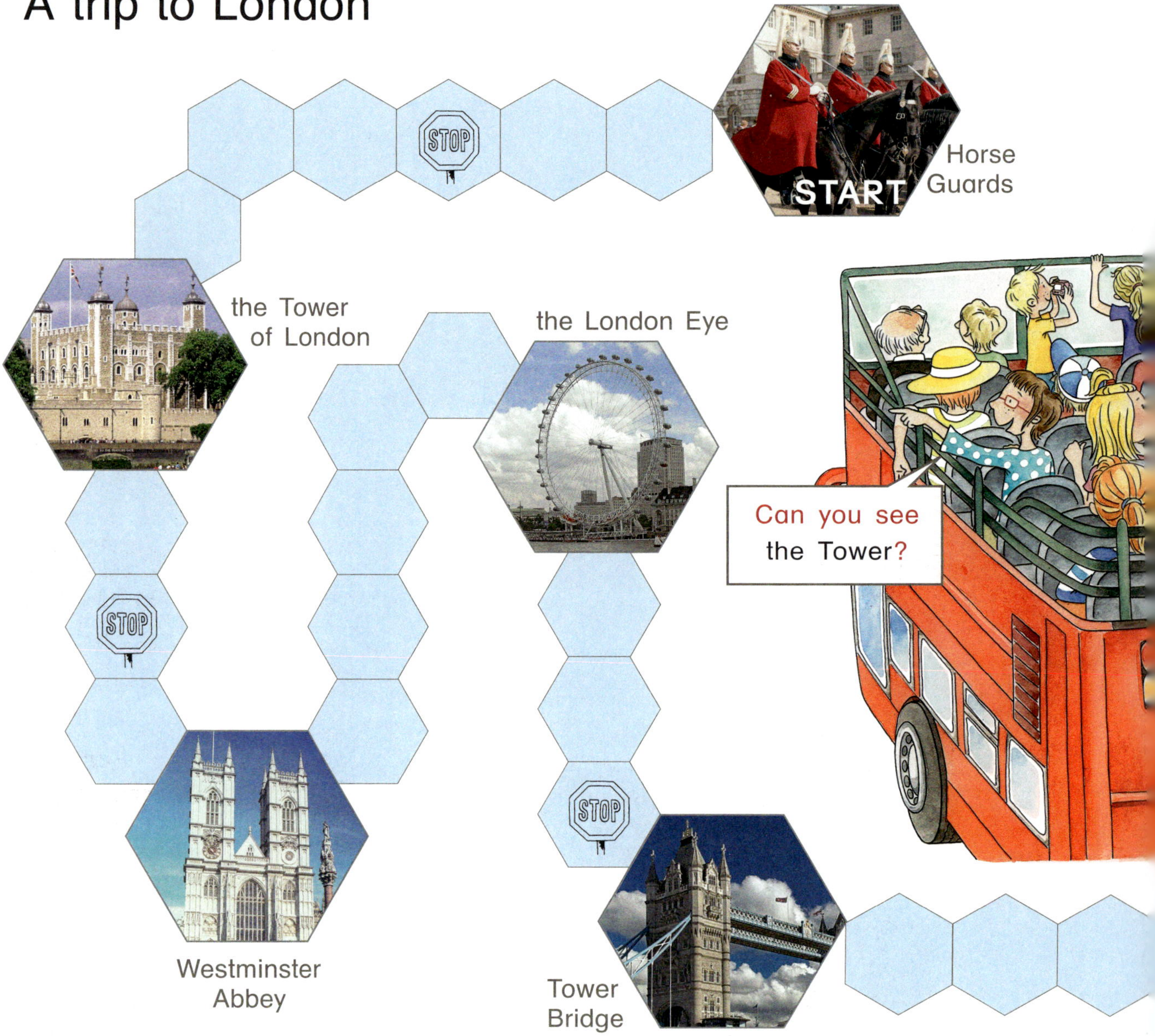

1 Listen and point to the pictures.

2 Listen to the sounds of London.

3 Play the game.

4 Find more information about London sights.

Roll the dice.
Move your counter.
STOP Miss a turn.

Londoner Sehenswürdigkeiten kennenlernen.
Geräusche aus London zuordnen.
Das Lied *The wheels on the bus* singen.

- CD 38–40
- Song CD 41/42
- Finding information WB S. 35

▸ Ich kann ein Spiel zu Londoner Sehenswürdigkeiten spielen.

Buckingham Palace

Big Ben

Hyde Park

St. Paul's Cathedral

1 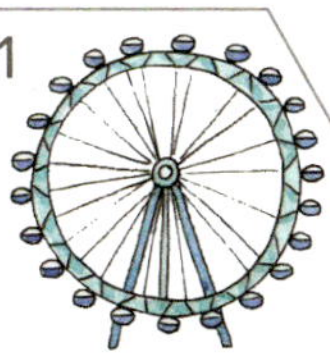
Ferris wheel

2 
palace

3 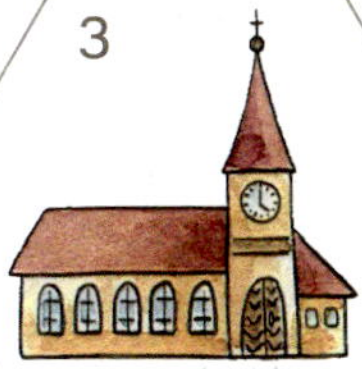
church

4 
bridge

5 

underground

6 
double-decker bus

7 
taxi

What are the children doing?
How many people are on the bus?
How can you get around in London?

What would you like to see in London?
Which sights do you have in your home town?

▸ Ich kann etwas über London erzählen.

A day in Hyde Park

Liebe Kinder,
heute war schönes Wetter und wir haben wie viele Londoner den Sonntag im Hyde Park verbracht. Papa und Martin haben wie immer Fußball gespielt und Mama hat einen Liegestuhl ("deckchair") gemietet und sich gesonnt. Nach einem tollen Picknick wollte Martin noch zum großen See, "the Serpentine", und ein Tretboot mieten. Das war super!
Weil wir so müde waren, sind wir dann mit der U-Bahn, der "tube", heimgefahren. Mit der "tube" ist man meistens am schnellsten in London unterwegs, selbst Taxis ("taxis/cabs") brauchen länger.
Die Londoner U-Bahn ist übrigens die älteste U-Bahn der Welt. Sie wurde 1863 eröffnet. Auf den Rolltreppen, den "escalators", die zu den U-Bahnen hinunterführen, sollte man eine wichtige Regel beachten: "Stand on the right!" Denn nur so können Fahrgäste, die es eilig haben, gut an den anderen vorbei kommen. Wer sich nicht an diese Regel hält, macht sich bei den Londonern sehr unbeliebt. Und auch ganz wichtig: "Mind the gap!" Habt ihr eine Idee, was das bedeuten könnte?
Ratet doch mal!
Eure müde
Lisa

1 Sprecht über Lisas Brief.

Etwas über den Hyde Park und die öffentlichen Verkehrsmittel in London erfahren. Sich dazu austauschen und mit eigenen Vorkenntnissen vergleichen.

At Hyde Park Café

1 Listen and point.

2 Read the menu. What would you like to have?

3 Write: I'd like to have ...

Look up more words in a dictionary.

▸ Ich kann etwas über Aktivitäten im Hyde Park sagen.

What to do in Hyde Park

1 Listen and point.

2 What can you do in Hyde Park?

Aktivitäten im Hyde Park kennenlernen.
Über die eigenen Vorlieben sprechen.
Den Reim *Ice cream* sprechen.

- CD 46
- Rhyme CD 47

▸ Ich kann sagen, was ich im Hyde Park machen möchte.

Let's talk: what would you like to do in Hyde Park?

have
a picnic

play
croquet

hire
a boat

walk
the dog

listen to
a band

buy an
ice cream

1 Listen and point.

2 Practise the dialogue.

3 Plan a day at Hyde Park. Write.

Can you find
more information
on Hyde Park?

Seine Vorlieben nennen und andere nach ihren Vorlieben fragen.
Wdh: free time activities

• CD 48
• Finding information WB S. 35
• Think about it S. 58

At the zoo

1 Listen and point.

2 What animals would you like to see?

3 Plan your day at the zoo. Write.

tip

a.m. – vormittags
p.m. – nachmittags

Zootiere kennenlernen.
Sagen, was man gern sehen möchte.
Wdh: time; colours; body parts

• CD 49/50
• How to write S. 55

▸ Ich kann Zootiere benennen.

tip

tiger – Tiger

Which animals can you see?
When is the feeding time for the monkeys/ …?
Do you know any zoos?

Which animals do you remember?
Talk about the signs. What do they mean?

▸ Ich kann Tierrätsel stellen.

Let's talk: guess my animal

1 Listen and read along.

2 Practise the dialogue.

3 Make up your own animal riddles. Write.

Ein Tierrätsel stellen und Eigenschaften der Tiere beschreiben.

- CD 52
- How to communicate S. 56

▸ Ich kann einen englischen Zooreim sprechen.

The zoo is lots of fun

Vergleiche
das oo in "zoo",
"kangaroo" und "hooves".

Let's begin with 1,
the zoo is lots of fun.

1 and 2,
see a kangaroo.

2 and 3,
see a chimpanzee.

3 and 4,
hear the lion roar.

4 and 5,
watch the dolphin dive.

5 and 6,
there's a monkey doing tricks.

6 and 7,
the parrot is 11.

7 and 8,
a tiger and his mate.

8 and 9,
penguins in a line.

9 and 10,
I want to come again.

1 Listen to the text. 

2 Read it out loud. 

3 Do the rhyme. 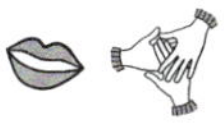

Make up your own lines.
Mark the tricky parts:
dive

▸ Ich kann ein englisches Lied singen.

The lion sleeps tonight

Text/Musik: L. Creatore, S. Linda, H. Peretti, G. Weiss

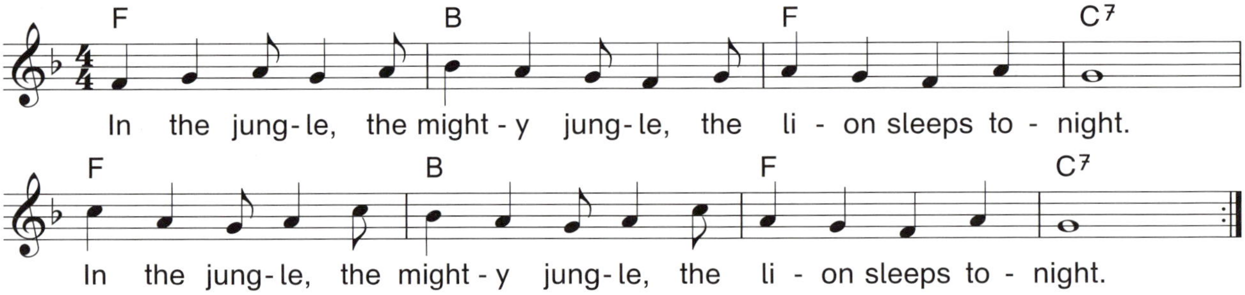

1 Listen and sing the song.

Hallo liebe Kinder in Deutschland!

Den Londoner Zoo gibt es seit 1828. Er ist riesig! Man kann dort über 700 verschiedene Tierarten sehen. Ein Tag reicht dafür gar nicht aus. Am besten gefallen mir die Tierfütterungen, weil die Tierpfleger ("zookeeper") dabei Interessantes über die Tiere erzählen und viele Fragen beantworten. Es gibt da ein tolles Angebot, bei dem man einen Tag lang als Hilfstierpfleger ("keeper for a day") im Zoo mitarbeiten darf. Ben und ich wollten uns gleich für einen der nächsten Ferientage anmelden, aber man muss mindestens 16 Jahre alt sein. Schade!

Eure Lisa

2 Sprecht über Lisas Brief.

Informationen über den Londoner Zoo erhalten.

• Song CD 55/56

▸ Ich kann Sachtexte über Tiere verstehen.

Animals around the world

Chimpanzees are noisy and intelligent.

Pandas eat bamboo.

Bears sleep the whole winter.

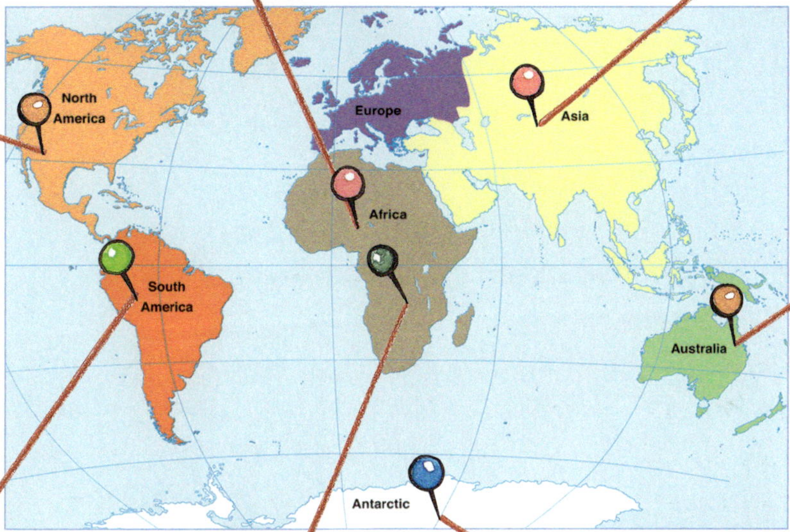

Kangaroos can jump high.

Parrots can talk.

Lions live in groups of 30.

Penguins are birds but they can't fly.

1 Listen and point.

2 Read the texts.

3 Talk about the animals.

4 Make a poster and present your favourite animal.

Einem Sachtext Informationen entnehmen.
Diff: L liest den Text selbst.
Wdh: animals

- CD 57
- How to do a presentation S. 57
- Think about it S. 58

Holiday plans

1 Listen and read along.

2 Practise the dialogue.

3 Where can you go on holiday? Write.

Reiseziele kennenlernen.
Mehr über Großbritannien erfahren.

• CD 59
• How to write S. 55

▸ Ich kann fragen, wohin jemand in den Urlaub fährt.

Great Britain = England, Wales, Northern Ireland, and Scotland

tip

Yes, we can.
No, we can't.

Where would you like to go on holiday?
Can you find Dublin/ ... on the map?

What can you do in South England?

Summer holiday

Liebe Kinder!

Da mein Papa in diesem Sommer keinen Urlaub bekommt, sind wir während der Ferien zuhause geblieben. Wir machen zusammen mit meiner Oma tolle Ausflüge, z.B. in den Hyde Park oder nach Windsor Castle, wo die "Royal Family" häufiger ist. Das Schloss kann man mit dem Boot auf der Themse erreichen. Ben verbringt die Ferien auf einem Campingplatz am Meer in Südengland. Emma ist mit ihrer Familie nach Schottland gefahren. "Scotland" gehört zu Großbritannien. Die Hauptstadt ist Edinburgh. Dort gibt es ein großes Schloss ("castle"). Sie wollen zum Loch Ness fahren und Nessie suchen. Glaubt ihr, dass es Nessie wirklich gibt?

Übrigens tragen in Schottland bei Festen auch Männer Röcke. Die nennt man "kilts". Besonders lustig sind auch die Dudelsackspieler. Der Dudelsack ("bagpipes") ist ganz schön schwierig zu spielen.

Im September finden hier ganz besondere Sportwettkämpfe statt, die "Highland Games". Kugelstoßen ist eine Disziplin. Man nennt das "putting the stone".

Viele Grüße

Lisa

1 Lest Lisas Brief. Was macht ihr während der Ferien?

Etwas über Schottland, das Loch Ness Monster und die Highland Games erfahren.

A day trip to Windsor Castle

1 Listen. What is it about?

2 Read the information on the notice board. Explain it in German.

3 Practise the dialogues.

The Highland Games

Emma and Chris visit the Highland Games. Nessie, the Loch Ness monster, is there, too.

The first game of the day is the piping.

Then they dance a Highland dance.

The next game is putting the stone.

Tossing the caber is the last game.

In the end Nessie wins. She is very proud.
Emma and her brother Chris
are happy for Nessie.

1 Listen to the story and read along.

2 Find out more about the Loch Ness monster and the Highland Games.

Eine Geschichte über die Highland Games und Nessie lesen.

- CD 62
- How to read S. 54
- Finding information WB S. 35

▸ Ich kann einen schottischen Tanz tanzen.

A Scottish Ceilidh: Boston Tea Party

Stand in 2 lines.

Dance along the lines.

Make a gate and let the next pair dance through it.

Dance through the next gate.

Everyone dance through the gate.

Get back to your position.

1 Get in groups and dance the Ceilidh.

2 Look on the Internet for a video of the dance.

Einen schottischen Ceilidh tanzen.
Im Internet nach einem Video des Tanzes suchen.

- CD 69
- Finding information WB S. 35
- Think about it S. 58

Letters to Lisa

1 Listen and point.

2 What can you see in the pictures?

3 Make a poster of your favourite season.

Feiertage im Jahresverlauf kennenlernen.
Wdh: months; seasons; birthday

- CD 70/71
- How to write S. 55

▸ Ich kann Feiertage im Jahr nennen.

Which holidays do you remember?
Can you name all the months?

When is your birthday?
What is your favourite holiday?

▸ Ich kann ein englisches Lied singen.

Valentine's Day

Text/Musik: traditionell

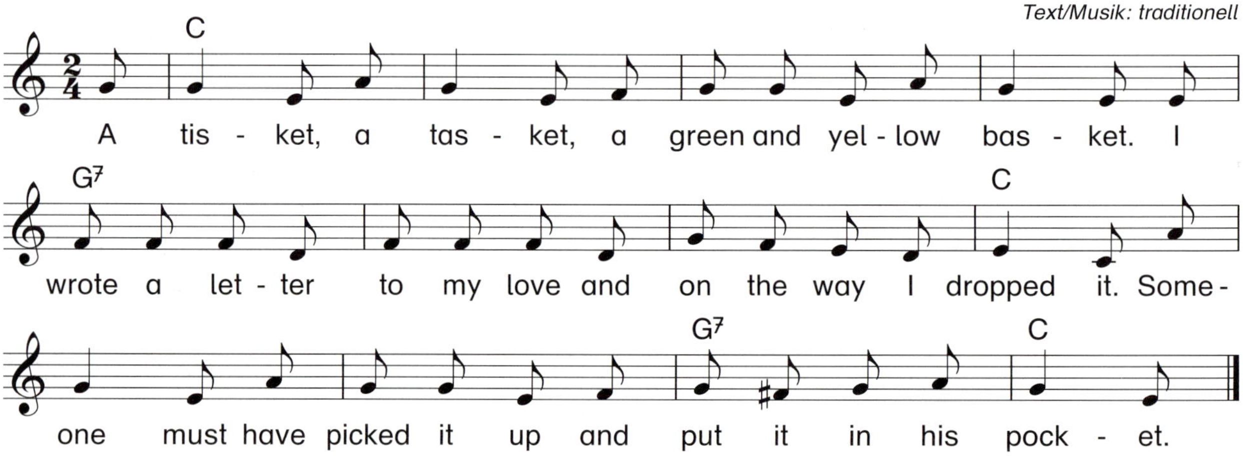

1 Read the wishes.

2 Write a Valentine's card.

3 Sing the song.

4 Play the game.

Den Valentinstag kennenlernen und eine Karte basteln.
Spiel zum Song: Der Plumpsack geht um.
• Song CD 72/73

▸ Ich kann etwas über Thanksgiving erzählen.

Thanksgiving

Hallo liebe Lisa,
viele Grüße aus Washington! Es ist November und ich bin gerade zu Besuch bei meiner Tante. Wir sind pünktlich zu einem großen Fest hergekommen, denn am Donnerstag feiern wir Thanksgiving. Alle Familien kommen dazu zusammen, es ist der wichtigste Feiertag für die Amerikaner. Es gibt "turkey, sweet potatoes, cranberry sauce and pumpkin pie" (Truthahn, Süßkartoffeln, Cranberrysauce und Kürbiskuchen) zu essen. Das Fest wird zur Erinnerung an die ersten schlimmen Jahre der europäischen "pilgrims" (Einwanderer) gefeiert, die ohne die Hilfe der "Native Americans" (amerikanische Ureinwohner) nicht hätten überleben können. Ich freue mich, weil ich die ganze Familie kennenlernen werde. Nur ob sie mich verstehen? Jetzt muss ich auch Englisch sprechen! Und auch wir brauchen hier anderes Geld als zuhause in Deutschland, in den USA bezahlt man nämlich mit $, "dollars".
Viele Grüße von deiner Freundin
Sabine

1 Lest Sabines E-Mail und schaut euch die Fotos an.

2 Wisst ihr auch etwas über Thanksgiving?

3 Welche Feiertage kennt ihr außerdem?

€ = euro
£ = pound
$ = dollar

The farmer's Christmas

The farmer and his wife are very hungry. They want to have dinner.

Suddenly there is a knock at the door.

We are Mary and Joseph. Where can we sleep? – I don't have a room. But there is a stable in the fields.

The farmer and his wife sit down again. They want to have dinner.

But there is a knock at the door.

We are the 3 shepherds. Where are Mary and Joseph? – Mary and Joseph? Have a look in the stable in the fields.

Die Weihnachtsgeschichte kennenlernen und in ein Rollenspiel umsetzen. Das Lied *Silent night* singen.

- CD 75/76
- Song CD 77/78
- How to read S. 54

▸ Ich kann die Weihnachtsgeschichte verstehen.

The farmer and his wife sit down again. They want to have dinner.

But there is a knock at the door.

We are the 3 kings. Where are Mary and Joseph? – In the stable in the fields.

The farmer and his wife sit down again. They are angry. Now they want to have dinner.

Suddenly there is an angel at the door.

Now the farmer and his wife are not angry any longer. They are happy.

1 Listen to the story and read along.

2 Do a role-play.

Diff: CD Track 76 einsetzen; L liest die Geschichte selbst.

At the library

1 Listen and point.

2 Listen and read along.

3 Do a role-play.

tip

Be polite:
How are you? –
Fine, thanks.

Nach Büchern zu bestimmten Themen fragen.
Jemanden höflich ansprechen.

- CD 79
- How to communicate S. 56

▸ Ich kann in einer Bücherei nach Büchern fragen.

What books can you find in a library?
How long can you keep library books?
How often do you go to the library?

What are your favourite books?
Which detective stories do you know?
Which fairy tales do you know?

The fox and the crow

 crow  cheese  fox

A  finds some . She is very happy.

The  flies onto a tree. She wants to eat the .

Master  comes along. He is very hungry.

He sees the  with the .

He says, "Hello Miss . You look very pretty.

Can you sing for me?"

The  sings and loses the .

Master  catches the  and runs away.

He thinks, "What a stupid ."

1 Look at the pictures and the words.

2 Read the text.

3 Tell the fable in German.

4 Act it out.

Eine englische Fabel lesen und verstehen.
Die Fabel in ein Rollenspiel umsetzen.

• How to read S. 54

▸ Ich kann eine Gespenstergeschichte nachspielen.

A ghost story

1 Listen to the story.

2 Read along.

3 Act it out.

Jack and the beanstalk

	money		market		magic beans		cow
	giant		hen		golden eggs		axe
	man		castle		beanstalk		

There is a boy named Jack.

He lives with his mother. They have no  .

One day Jack's mother says, **"We must sell our**  . Take it to the  ."

On his way to the  Jack meets a  .

The  **gives Jack 5** 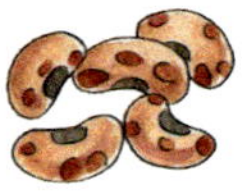 **for the**  .

Jack's mother is very angry.

She throws the 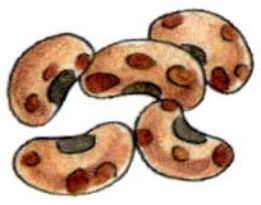 **out of the window.**

1 Listen to the story. What is it about?

2 Read the text out loud.

3 Tell the story in German.

4 Act it out.

Eine traditionelle englische Geschichte kennenlernen.
Einen Lesetext erarbeiten.
Diff: L liest die Geschichte selbst.

• CD 84
• How to read S. 54

▸ Ich kann eine traditionelle Geschichte lesen.

The next morning, **there is a big**  in front of the window.

Jack climbs up the . He climbs up higher and higher.

When he is at the top, **Jack sees a beautiful** **. He goes inside.**

There is a big  sleeping in the kitchen.

The  **has a**  **that can lay** .

Jack takes the  **to take it home.**

Suddenly the  wakes up and runs after Jack.

Jack runs faster. He climbs down the .

The  **runs after him.**

Jack shouts, “Mother, help, help!”

Jack’s mother takes an  **and cuts down the** .

The  falls to the ground.

Nobody ever sees the  **again**. And Jack and his mother?

They live happily ever after and the  **lays many** .

How to read

Das hilft mir beim Lesen.

Ich achte auf die Überschrift.

Ich achte auf helfende Bilder.

Ich suche nach bekannten Wörtern und markiere sie mir im Text, wenn möglich.

Wenn möglich höre ich mir den Hörtext noch einmal an und markiere weitere Stellen im Text.

Ich schlage unbekannte Wörter nach.

Auch wenn ich nicht alle Wörter verstehe, kann ich mir den Inhalt des Textes vorstellen.

Das hilft mir beim Schreiben.

Ich sammle in einer Mindmap Wörter zu meinem Thema.

Ich erinnere mich an passende Sätze.

Ich suche nach einem Modelltext.

Ich zeige meinen Text einem Partnerkind und wir kontrollieren uns gegenseitig.

Ich frage meine Lehrkraft.

Ich schlage in einem Wörterbuch nach.

Ich markiere Aufpassstellen in Wörtern.

Ich vergleiche mein Geschriebenes mit der Vorlage.

How to communicate

Das hilft mir beim Sprechen.

Ich spreche meinen Gesprächspartner direkt an und schaue ihn dabei an.

Ich versuche in ganzen Sätzen zu sprechen.

Wenn mich mein Gesprächspartner nicht versteht, wiederhole ich meine Sätze langsam und deutlich. Ich kann meine Sätze durch deutliche Gesichtsausdrücke und Gesten unterstützen.

Wenn ich etwas nicht verstehe, sage ich „Sorry, I don't understand". Wenn mein Gesprächspartner einen Satz nicht formulieren kann, versuche ich ihm zu helfen.

Wenn nötig, zeige ich auf Gegenstände oder Personen.

Wenn ich etwas beim ersten Mal nicht verstehe, sage ich „Can you say it again, please?"

Durch meine Betonung im Satz kann ich deutlich machen, dass ich etwas frage.

How to do a presentation

Das hilft mir beim Erstellen einer Präsentation.

Ich schlage Wörter zu einem Thema in einem Wörterbuch nach und sammle sie.

Ich ordne Stichwörter in einer Mindmap.

Ich überlege mir passende Sätze.

Ich suche Bilder aus und schreibe Stichwörter dazu auf.

Ich fertige ein Poster an.

Ich übe meinen Vortrag.

Wenn ich nicht weiß, wie ich ein Wort ausspreche, frage ich meine Mitschüler oder meine Lehrkraft.

Wenn mir ein Wort während der Präsentation nicht einfällt, stelle ich es pantomimisch dar oder zeige darauf, wenn es in meiner Nähe ist.

Beim Vortragen schaue ich meine Zuhörer an und versuche frei und deutlich zu sprechen.

▸ Ich kann mich zu meinem Lernprozess äußern.

Think about it

Wie hat dir das Kapitel gefallen?

Waren die neuen Wörter einfach oder schwer?

Waren die Dialoge einfach oder schwer?

Konntest du die Aufgaben lösen?

Was gefällt dir am besten?

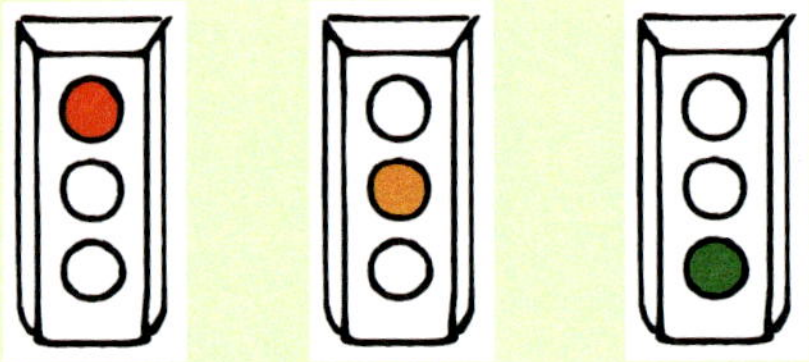

1 At the end of a chapter, answer the questions. Red, orange or green?

2 Talk about it.

Look it up

So benutzt du diese Wörterliste:

1. Überlege, mit welchem Buchstaben dein Wort anfängt.
2. Suche in der alphabetischen Wörterliste nach diesem Anfangsbuchstaben.
3. Schaue dir den zweiten Buchstaben deines Wortes an.
4. Suche in der Wörterliste innerhalb des Anfangsbuchstabens nach Wörtern, die auch diesen Buchstaben als zweites haben. Mache so weiter, bis du dein Wort findest.

Zum Beispiel "brown": **b – r – o** – w – n kommt nach "brother": **b – r – o** – t – h – e – r.

A

a lot of	viele
a/an	ein, eine, einer
about	über
act out	vorspielen, aufführen
activity	die Tätigkeit
adult	der/die Erwachsene
adventure	das Abenteuer
after	nach
afternoon	der Nachmittag
again	wieder
air mattress	die Luftmatratze
all	alle, alles
along	entlang
am	bin
and	und
angel	der Engel
angry	wütend
animal	das Tier
answer	die Antwort, antworten
appear	(er-)scheinen
apple (crumble)	der Apfel(-kuchen)
are	bist/sind
around	um, herum, rundherum

Methoden zur Reflexion kennenlernen.
Sich am Ende eines Kapitels Gedanken darüber machen, was man gelernt hat. Sich mit anderen darüber austauschen.

Art – der Kunstunterricht
as – als
assembly – die Schulversammlung
at – an/bei/in/um
Australia – Australien
autumn – der Herbst
axe – die Axt

B

back – zurück
ball – der Ball
bamboo – der Bambus
banana – die Banane
bark – bellen
basket – der Korb
be – sein
beach – der Strand
beak – der Schnabel
beanstalk – die Bohnenranke
bear – der Bär
beautiful – wunderschön
because – weil
bed – das Bett
behind – hinter
bell – die Glocke
big – groß
bike – das Fahrrad
birthday – der Geburtstag

black – schwarz
blackboard – die Tafel
blue – blau
board game – das Brettspiel

boat – das Boot
body part – das Körperteil
book – das Buch
boy – der Junge
bread – das Brot
break – die Pause
breakfast – das Frühstück
bridge – die Brücke
British – britisch
brochure – der Prospekt
brother – der Bruder
brown – braun
brush my hair – meine Haare kämmen
brush my teeth – meine Zähne putzen
butter – die Butter
buy – kaufen
bye – Tschüss

C

cake – der Kuchen, die Torte
call – anrufen
Canada – Kanada
can/can't – können/nicht können
card – die Karte
castle – das Schloss
cat – die Katze
catch – fangen
celebrate – feiern
chair – der Stuhl
cheese – der Käse
chicken – das Huhn
child, children – das Kind, die Kinder
chimpanzee – der Schimpanse
chips – die Pommes Frites
chocolate – die Schokolade
Christmas – Weihnachten
church – die Kirche
cinema – das Kino
circle – der Kreis, einkreisen
class – die Klasse
classmate – der/die Mitschüler/in
classroom – das Klassenzimmer
climb – klettern
cloud – die Wolke
coffee – der Kaffee
cold – kalt
collect – sammeln
colour – die Farbe, anmalen
come – kommen
command – die Anweisung
compare – vergleichen
complete – vervollständigen
copy – die Kopie, kopieren
corn – der Mais
count – zählen
country – das Land
cousin – der Cousin/die Cousine
cow – die Kuh
Crafts – der Werkunterricht
crocodile – das Krokodil
croquet – das Kricketspiel
crow – die Krähe

crown	die Krone
cucumber	die Salatgurke
cup	die Tasse
curry	das Currygericht
cut	schneiden

D

daily	täglich
dance	der Tanz, tanzen
danger	die Gefahr
dangerous	gefährlich
dark	dunkel
day	der Tag
dear	lieb, lieber, liebe
describe	beschreiben
detective	der Detektiv
dialogue	der Dialog
dice	der Würfel
dictionary	das Wörterbuch
different	unterschiedlich
dinner	das Abendessen
disabled	körperlich behindert
dive	tauchen
do/don't	tun/nicht tun
dog	der Hund
dolphin	der Delfin
door	die Tür
down	hinunter
draw	zeichnen
dress	das Kleid, anziehen
drink	das Getränk, trinken
drop	fallen lassen
dwarf	der Zwerg

E

eat	essen
egg	das Ei
England	England
English	Englisch
evening	der Abend
everybody	jeder, jede
explain	erklären

F

fable	die Fabel
fairy tale	das Märchen
fairy	die Fee
false	falsch
family	die Familie
famous	berühmt
farmer	der Bauer
fast	schnell
father	der Vater
favourite	lieblings-
feather	die Feder
feed	füttern
feeling	das Gefühl
Ferris wheel	das Riesenrad
field	das Feld
find (out)	(heraus-)finden
fine	gut
first	der/die/das erste
fish	der Fisch
flag	die Flagge
fly	fliegen
flower	die Blume
food	das Essen
football	Fußball
forest	der Wald
fox	der Fuchs
free time	die Freizeit
Friday	Freitag
friend	der Freund, die Freundin
from	von
fruit (salad)	der (Obst-)Salat
fun	der Spaß, lustig
furniture	die Möbel
future	die Zukunft

G

game	das Spiel
gate	das Tor
German	Deutsch
Germany	Deutschland
get dressed	anziehen
get up	aufstehen
ghost	der Geist
giant	der Riese
girl	das Mädchen
give	geben
glass	das Glas
glue	kleben, der Klebstoff
go to bed	zu Bett gehen
go	gehen
Golden Time	der Freiarbeitsunterricht
good	gut
goodbye	auf Wiedersehen
grandparents	die Großeltern
Great Britain	Großbritannien
great	toll, super

green	grün
grey	grau
ground	der Boden
group	die Gruppe
guess	raten
guide book	der Reiseführer

H

hair	das Haar, die Haare
Halloween	Halloween
ham	der Schinken
hamster	der Hamster
hand	die Hand
happy	glücklich, froh
has/hasn't	hat/hat nicht
haunted castle	das Geisterschloss
have breakfast	frühstücken
have dinner	(zu) Abend essen
have lunch	(zu) Mittag essen
have/haven't	haben/nicht haben
he	er
head	der Kopf
heading	die Überschrift
headphone	der Kopfhörer
hear	hören
heart	das Herz
hello	hallo
help	die Hilfe, helfen
hen	die Henne
her	ihr
Here you are.	Bitteschön.
here	hier
high	hoch
hike	wandern
hire	mieten
his	sein
hobby	das Hobby
holiday	der Feiertag, der Urlaub
homework	die Hausaufgaben
hooves	die Hufe
horn	das Horn
horse	das Pferd
hot	heiß
hot chocolate	die heiße Schokolade
house	das Haus
how	wie
huge	riesig
hungry	hungrig
hunt	jagen
hunter	der/die Jäger/in

I

I	ich
I'd/I would	ich würde
I'm/I am	ich bin
I've/I have	ich habe
ice cream	die Eiscreme
ICT	der Informatikunterricht
in front of	vor
in	in
India	Indien
instruction	die Anleitung
invitation	die Einladung
invite	einladen
Ireland	Irland
is	ist
it	es

J

jam	die Marmelade
jeans	die Jeans
juice	der Saft
jump	springen

K

kangaroo	das Känguru
keyword	das Schlüsselwort
kill	töten
king	der König
knight	der Ritter
knock	klopfen
know	wissen

L

label	beschriften
lamp	die Lampe
language	die Sprache
left	links, übrig
lemonade	die Limonade
letter	der Brief
library	die Bücherei
lifeguard	der/die Rettungsschwimmer/in
like	mögen
line	die Zeile, die Strophe
lion	der Löwe
list	die Liste, auflisten
listen	zuhören
little	klein
live	leben
lollipop	der Lutscher

long	lang
look	schauen, sehen
look up	nachschlagen
lose	verlieren
loud	laut
lunch	das Mittagessen

M

magic	die Magie, magisch
make	machen, tun
man	der Mann
mane	die Mähne
many	viel, viele, vieles
mark	markieren
market	der Markt
match	verbinden
Maths	der Mathematikunterricht
me	mich
meal	das Mahl
meet	treffen
menu	die Speisekarte
Merry Christmas!	Frohe Weihnachten!
middle	mittel
miss	aussetzen
missing	fehlend
Monday	Montag
money	das Geld
monkey	der Affe
month	der Monat
more	mehr
morning	der Morgen
most	meist, höchst
mother	die Mutter
mouse	die Maus
move	bewegen
much	viel
Music	der Musikunterricht
my	mein, meine

N

name	der Name, benennen
Native Americans	die amerikanischen Ureinwohner
need	brauchen
new	neu
New Zealand	Neuseeland
newspaper	die Zeitung
next	als Nächstes, das Nächste
next to	neben
nice	schön
no	nein
nobody	niemand
noisy	laut
non-fiction	das Sachbuch
not	nicht
nothing	nichts
now	jetzt, nun
number	die Zahl, nummerieren

O

o'clock	Uhr
okay/OK	okay
old	alt
on	auf, im
orange	die Orange, orange
other	andere
our	unser
out	raus
own	eigene

P

pair	das Paar, paaren
palace	der Palast
panda	der Pandabär
parents	die Eltern
parrot	der Papagei
part	das Teil
party	die Feier
paw	die Pfote
PE	der Sportunterricht
pen	der Füller
pencil	der Bleistift
penguin	der Pinguin
pet	das Haustier
phone	das Telefon, telefonieren
pick up	aufheben
picnic	das Picknick
picture	das Bild
piece	das Stück
piggy bank	das Sparschwein
pilgrim	der Pilger, die Pilgerin
pink	pink
piping	das Dudelsackspielen
plan	planen
play	spielen
please	bitte
plum	die Pflaume
pocket	die (Hosen-)Tasche
pocket money	das Taschengeld
poem	das Gedicht

point	zeigen
polar bear	der Eisbär
pound	das Pfund
practise	üben
preposition	die Präposition
present	das Geschenk, präsentieren
presentation	die Präsentation
price	der Preis
prince	der Prinz
princess	die Prinzessin
proud	stolz
pullover	der Pullover
put	legen
putting the stone	Steinweitwurf

Q

queen	die Königin
question	die Frage

R

rabbit	der Hase, das Kaninchen
racing car	das Rennauto
RE	der Religionsunterricht
read	lesen
red	rot
remember	erinnern
repeat	wiederholen
rescue	retten
rhyme	der Reim
ride	fahren, reiten
right	rechts, richtig
ring	der Ring
roar	brüllen
role-play	das Rollenspiel
roll	würfeln
room	das Zimmer
routine	die Routine
rubber	der Radierer
ruler	das Lineal
run	rennen, laufen

S

sad	traurig
safe	sicher
sail	segeln
salad	der Salat
Saturday	Samstag
say	sagen
scared	ängstlich

school dinner	das Schulmittagessen
school	die Schule
schoolbag	der Schulranzen
Science	der Sachunterricht
scone	das Teegebäck
scoop	die Kugel Eis
Scotland	Schottland
sea	das Meer
season	die Jahreszeit
see	sehen
sentence	der Satz
share	teilen
she	sie
shepherd	der Schäfer
ship	das Schiff
shirt	das Hemd
shoes	die Schuhe
shop	der Laden, einkaufen
shopping centre	das Einkaufszentrum
show	zeigen
sight	die Sehenswürdigkeit
sing	singen
sister	die Schwester
sit down	hinsetzen
skateboard	das Skateboard
skirt	der Rock
sleep	schlafen
slow	langsam
small	klein
snowboard	das Snowboard
some	einige, etwas
sorry	Entschuldigung
soup	die Suppe
South Africa	Südafrika
speak	sprechen
special	besonders
spin	drehen
sports	die Sportart
spring	der Frühling
stable	der Stall
stairs	die Treppe
stand (up)	(auf-)stehen
story	die Geschichte
strawberry	die Erdbeere
strong	stark
subject	das Unterrichtsfach
suddenly	plötzlich
summer	der Sommer
Sunday	Sonntag
survey	die Umfrage

sweets	die Süßigkeiten
swim	schwimmen
sword	das Schwert

T

tail	der Schwanz
take (out)	(heraus-)nehmen
talk	sprechen
task	die Aufgabe
tea	der Tee
teacher	der Lehrer, die Lehrerin
teddy bear	der Teddybär
tell	erzählen, sagen
tennis	Tennis
thank you/thanks	danke
Thanksgiving	das Thanksgivingfest
the	der, die, das
then	dann
there	da
they	sie
think	denken, überlegen
this	dies
through	durch
Thursday	Donnerstag
tick	ankreuzen (mit Häkchen)
tidy up	aufräumen
time	die Zeit
timetable	der Stundenplan
tip	der Tipp
tired	müde
to	bis, nach, zu
toilet	die Toilette
tomato	die Tomate
tonight	heute Nacht
tooth, teeth	der Zahn, die Zähne
tossing the caber	Baumstammweitwurf
tower	der Turm
toy	das Spielzeug
travel agency	das Reisebüro
tricky	schwierig
trouble	die Schwierigkeit
trunk	der (Elefanten-)Rüssel
Tuesday	Dienstag
turkey	der Truthahn

U

under	unter
underground	die Untergrundbahn
United States of America	Vereinigte Staaten von Amerika
up	hinauf
us	uns
use	benutzen

V

Valentine's Day	Valentinstag
vegetable	das Gemüse
very	sehr
visit	besuchen

W

walk	laufen, (spazieren) gehen
wardrobe	der Kleiderschrank
warning	die Warnung
watch (TV)	(fern-)sehen
water	das Wasser, wässern
way	der Weg
we	wir
Wednesday	Mittwoch
week	die Woche
weekday	der Wochentag
weekend	das Wochenende
welcome	willkommen
what	was
when	wann
where	wo
white	weiß
who	wer
whole	ganz
wife	die Ehefrau
window	das Fenster
winter	der Winter
wish	der Wunsch, wünschen
with	mit
word	das Wort
work	arbeiten
world	die Welt
write (down)	(auf-)schreiben
wrong	falsch

Y

year	das Jahr
yellow	gelb
yes	ja
you	du
your	dein, deine